MEUS PASSOS
de ANDARILHA

Maria de Lourdes Alba

MEUS PASSOS
de ANDARILHA

Copyright © 2020 de Maria de Lourdes Alba
Todos os direitos desta edição reservados à Editora Labrador.

Coordenação editorial
Pamela Oliveira

Preparação
Leonardo Dantas do Carmo

Projeto gráfico, diagramação e capa
Felipe Rosa

Revisão
Laila Guilherme

Assistência editorial
Gabriela Castro

Imagem de capa
Kamil Szumotalski (unsplash.com)

Dados Internacionais de Catalogação na Publicação (CIP)
Angélica Ilacqua – CRB-8/7057

Alba, Maria de Lourdes
  Meus passos de andarilha / Maria de Lourdes Alba. – São Paulo : Labrador, 2020.
  72 p.

ISBN 978-65-5625-019-9

1. Poesia brasileira I. Título

20-2028   CDD B869.1

Índice para catálogo sistemático:
1. Poesia brasileira

Editora Labrador
Diretor editorial: Daniel Pinsky
Rua Dr. José Elias, 520 – Alto da Lapa
05083-030 – São Paulo – SP
+55 (11) 3641-7446
contato@editoralabrador.com.br
www.editoralabrador.com.br
facebook.com/editoralabrador
instagram.com/editoralabrador

A reprodução de qualquer parte desta obra é ilegal e configura uma apropriação indevida dos direitos intelectuais e patrimoniais da autora.

A editora não é responsável pelo conteúdo deste livro.

Para o meu eterno amor,
Antônio de Almeida Borges.

Sumário

Meus passos	9
Queria-te agora	10
Andarilha	12
Você tem	14
Atrito	15
Por que eu?	16
Outra face	18
Janela fechada	19
Velha senhora	21
Ruídos	22
Separação	23
A pinguela	25
Sons	26
Tudo se acaba	27
Volte	28
A vida a levar	30
Dor	31
Adeus	32
Chuva	33
Transporte	34
Imagens	35
Esquecer	36
Felicidade	37
Máscara	38
Lágrimas	39
Verão	40

Levitação	41
Renovação	42
Desenho	43
Fertilidade	44
Guarda-chuva	46
Eu amo	47
Música	48
Cores	49
Caminhada	50
Depressão	51
A garrafa	52
Mãos	53
Canto	54
O pacto	55
Parte reparte	56
Paz	57
Gira mundo	58
Escrever	59
Praia	60
Caminha teu sorriso	61
Tempo	62
Feridas	63
Natureza generosa	64
Sorrir	65
Solidão	66
Amor	67
Voltou	68
Desejo	69
Encanto	70
Ambiente	71

Meus passos

meus passos de andarilha
minha sombra desalinha
no tempo que o espaço corre
percorre
silêncio e mais nada

Queria-te agora

queria ter o poder de chegar ao extremo teu
e te achar
mas receio que na ânsia de te encontrar
eu te perca para sempre

sei que
ao me ver hoje estática fraca
o olhar rente ao chão
catando toda e qualquer pedrinha
com medo de tropeçar e cair
não há de me compreender
eu sei bem que se cair agora
jamais me erguerei novamente

sei que tens receio de falar
medo que eu não interprete tuas palavras
medo de não acertar

queria poder avançar ao extremo teu
descobrir tua alma teus sentimentos tua sensibilidade

queria tocar as coisas belas
e com elas embelezar meu mundo

queria descobrir dentro de ti
tocar sem machucar
envolver sem consumir
dividir sem explorar
nunca competir

e sempre Amar

Andarilha

somente o teu sorriso
me ilumina a alma
num gesto imenso nascido
do nada

mais claro que a poção
da manhã
ah! amor
como és doce

cada polegada me inspira
a alma
e me retrata
a vida
seguida
a cada segundo
o instante

sigo meu caminho
e as curvas são limites
sem fim
não chego a nada
não alcanço o fim

enquanto não chegar
viverei o voo das andarilhas
andar   andar
e nunca chegar

Você tem

você tem a sensibilidade
do sensível
da liberdade
de me libertar
de meus males
meus temores

você tem
você tem a sensibilidade
você tem
toda a sensibilidade
do mundo

para me sensibilizar
e me amar

Atrito

o atrito aquece as relações
a discórdia nos traz a revolta
a indignação
e nos transporta
a novas deduções

o atrito gera muda
se desfaz se transforma em ira
e novos conceitos florescem
e prosseguem
amadurecem
ambos os lados
da discórdia

e toma outro rumo
e os atritos mudam de feições
e caem
finalmente caem

Por que eu?

nem sempre a lua brilha de manhã
nesta vastidão que é o Universo
nesta observação que nos tira a respiração
e nos aniquila

o céu pode desabar
que o meu coração continuará a pulsar
o crime
a inveja
o ódio
rolam pelos olhos amigos
que veem em grupo
em massa para nos destruir

fascinados pelas ficções
que a mídia nos irradia ferozmente
agem tal e qual
sem o mínimo de si mesmo

pobres coitados
coitados
pena que não podem me destruir
senão o filme por aqui acabaria

armar cenas e circos
para me verem explodir
que mesquinho

e eu... só... só eu...
por mais que me deixe
ver passar desapercebido
menos importância
dê a tudo e a todos

sofro
à distância
sem às vezes entender
por quê?
por que eu?

Outra face

Muito embora esteja apreensiva, pelas coisas ocultas que cercam nossos momentos homéricos, o caminho que vejo é a outra face do gume da faca acariciando nossos pescoços.

Me vem o mais profundo desejo, que não desabe sobre nossas cabeças o teto de nossos castelos de areia.

Janela fechada

é bom fechar a janela
o frio chegou
não há quem suporte
este vento gélido

é bom fechar a janela
e aquecer o ambiente interno
para ficar aconchegante
gostoso para dormir

dormir no tempo frio   tão bom
desde que não sofra frio
ele estará lá fora
além da vidraça

a nos olhar e nós a olhar para ele
cada um no seu lugar
ele lá eu aqui

não vou atrapalhá-lo
deixa ele gelar as árvores as ruas as calçadas
lá fora

e eu aquecida aqui dentro
a me deliciar sob os cobertores
na leveza que o tempo frio me dá

Velha senhora

a intransigência da velha senhora
acostumada a mandar comandar ser a dona
e as coisas têm que ser como ela quer
todos devem servi-la
sempre

aquela velha senhora que de tão sofrida
se acha no direito de que tudo pode
e pode tudo

seus filhos
seus fiéis escravos
por ela são comandados
sob o chicote da imposição

e se um simples não
surgir
vêm as dores as chantagens todas
a jogar culpas ao redor

aquela velha senhora
de espírito forte e terrível
comanda mais que manda
a família a servi-la

Ruídos

Os ruídos ensurdecem meus ouvidos e me atordoam. Atordoam-me tanto que parece que vão me deixar maluca. Luca, maluca, a cabeça já parou de pensar, os ruídos são muito fortes, os carros, a serra, os chiados, que raio de chiados são esses, que quase me enlouquecem.

A cabeça dói e os ruídos não param. Tapo os ouvidos, gemo, berro, os ruídos não passam. Não, não, os ruídos não passam. Será que o planeta está envolto em ruídos, ruídos que não sei. Ruídos que não me deixam nem ao menos enxergar. Que me tapam e me calam o peito e a alma. Isto está insuportável. Se esse ruído não parar, sou obrigada a arrancar a cabeça do pescoço e jogá-la longe, bem longe deste maldito mundo barulhento.

Assim, talvez me venha a Paz.

Separação

a noite chegou
e você não chegou

o sentimento de que ela poderá ser longa
me entristece
esperar por ti
é negar minha existência
mas como deixar de fazê-lo?

o silêncio a escuridão
são sombras que me perseguem
as horas passam
a madrugada entra
e você chega

e aí . . .

não conversamos
não nos tocamos
não nos olhamos

você se banha
você janta
você dorme

a madrugada vai
me sinto bem
ao sentir que você está ali
no seu lado da cama
é a companhia fria distante impessoal
mas ali está

e eu feliz agora
com o tempo que temos para nos preparar
para a tal separação
que de certo não tardará

A pinguela

Atravessei uma pinguela no momento em que pingos de chuva pingaram no meu rosto.

Senti o balançar da pinguela sobre o leito da correnteza veloz. Não temi a queda.

Afinal a pinguela é o laço que une nossos corações, a correnteza é o rio que vai carregando nossas diferenças. Os degraus são o caminho a percorrer.

E a chuva é a água que lava a nossa alma para que a correnteza possa carregar nossas mágoas ao além, sem retorno.

A Pinguela pinga o Amor.

Sons

corrente pendente
livro didático
bico da chaleira
espinho da roseira
barulho de geladeira
pingo da torneira
semente de amendoeira

Tudo se acaba

uma sílaba um signo um despacho
um espaço

um ponto uma vírgula um acento
uma interrogação

um vai outro vem outro sem
nada fica
               tudo se acaba

                                 tudo ...

Volte

o barulho da chuva a cair
me lembra teus passos
a chegar
à tardinha em casa
a chegar

parece que sinto você
entrando por aquela porta
a me deliciar com seus beijos
e ansioso a relatar o dia

a tirar os sapatos e largar a bolsa
parecem suas lágrimas
estas gotas de chuva a cair

ah! que saudades
como queria poder
entrar no seu coração
para que pudesse sentir
o quanto vale o amor

a mágoa que restou
não foi tanta não

não foi só o amor
foi a água que rolou

que exagero o teu
para que me massacrar tanto
jamais deixarei de te amar
jamais

a casa sempre estará aberta
não seja tão radical
foi uma brisa já passou
o ambiente está quente de novo
cá estou a te amar

A vida a levar

o poeta traz à cena
teus poemas a declamar
o teatro se faz em prosa
em versos a suspirar

as oportunidades que chegam
achegam em um labutar
tão clara como a manhã
a tarde vem descansar

teu ídolo   teu disco teu livro
tudo está a te chamar
a clamar pela cultura
só há de culto ficar

o clamor que rola solto
neste teu canto a suplicar
teus desejos amantes desejos
estás sempre a suspirar
e a vida a levar. . .

Dor

chuva grossa que cai
encharca minh'alma sofrida
em berços tão distantes
em tempos no desarranjo

ferida sangra sem doer
ferida já faz parte
deste corpo
presente na chuva que cai

atmosfera áspera
um suspiro um cochilar
a chuva acalma atrai
verdes mares a velejar

sublime risco de vida
as enchentes podem te levar
ao mundo do desespero
das águas a deslizar

Adeus

amor em tempo escuro
aquele adeus em lágrimas
somente
torrente

a desabar um mundo perdido
um tempo sofrido
adeus

o teu corpo que foi meu corpo
um dia
um dia que passou no passado
obscuro
perdido
do adeus

        teu mundo
        absurdo
        perdido
        sofrido
        no além do meu mundo
                      adeus

Chuva

a chuva forte serena
as nuvens a engrossar
o ar um pouco pesado
neste imenso sonhar

os meninos os pássaros as calçadas
tudo está a molhar
nesta tarde chuvosa
que alegria nos traz

atrás dos montes a semente
de uma terra a fertilizar
novas vidas vão surgir
a chuva acolherá

a vida serena e pura
neste imenso chover
os meninos brincam nas poças
a alegria do viver

Transporte

o bonde transporta o trem
que transborda o bode também
o trem
o bonde
o transporte
                do bode

                              para onde?

Imagens

as imagens de um tempo
alegrias sorridentes
um fluxo um caminhão
a vivência em ilusão

as flores perfumam os templos
enfeitam o tempo
que passamos a orar
e a Deus clamar
para os dias melhorar

o clarão do sol em flor
da primavera o clamor
o verão que queima as narinas
na terra esturricada
desta tenra solidão

as imagens passam rápido
o vento respira em vão
o clamor do amor latente
vivente em minha solidão

Esquecer

como de ti esquecer
se teus olhos passeiam em casa

como de ti esquecer
se o meu pensamento fixa em ti

como esquecer
um amor que se foi
uma ternura que delira
ao som de tua voz

como esquecer?

Felicidade

o sabor de ser feliz
fazendo quem se ama infeliz
a agressão o sangue embebeda o vampiro
do desgraçado fracassado
que não pode te ver feliz

Máscara

a máscara encobre a cara
tapeia quem não a descobre
esconde em seus dizeres
dá tapas em outros distantes

por trás da máscara não há ninguém
ninguém se encobre se não descobre
o xale encobre as costas da avó
o rosto
retrata teu rosto

Lágrimas

a correnteza trêmula
êxtase do sentimento
corre foge pela face
puro alívio da alma

Verão

a palmeira o palmito
o coqueiro a água de coco
areia a praia
o sol o chapéu do sol

o verão tropical
o calor tropical
quarenta graus
tropical

o teu decote
tropical
o teu rebolar
sensual

no universo
tropical

Levitação

quando a pele desliza
o corpo adormece
as palavras levitam
os beijos em ternura aquecem

embaralham as pernas
o calor submerge
e os sentimentos se misturam em prazeres
que de dois só um
transparece

quando a pele desliza
e o corpo adormece

Renovação

a esperança traz à tona
a angústia desesperada
o assobio do desalento
a renovação em castas

Desenho

desenho um futuro instante
passado mirabolante
distante

desenho um mundo atrasado
alienado
em marchas militares

desenho um tempo que se fez
um presente com desdém
um futuro que não sei

desenho a ditadura em gotas de sangue
em corpos sumidos   história rasgada
em lágrimas

desenho mais nada desenho
que de nada posso visualizar
dc um presente tão servil

Fertilidade

a chuva cai a cântaros
os relâmpagos alumiam
o som da chuva bate
o estrondo do raio que atiça

a terra molhada da chuva
os lagos enchem de vida
o carinho nas noites frias
o beijo estremece o corpo

a chuva cai grossa agora
o cheiro de mato vem perfumar
o ambiente as narinas a respirar
todo o ar vem refrescar

chuva molha os telhados
enche os rios lava a alma
dessa terra tão sofrida
desta terra tão querida

vem a chuva em som materno
traz a fertilidade à terra
forma lençóis brota a semente
transforma em alimento

o dia dorme tranquilo
a noite a sobrevida
o cantar da chuva acaricia os ouvidos
o som divino nos faz adormecer

Guarda-chuva

guarda-chuva
chuva guarda
chama o guarda
assovia

solta a pipa
pipa solta
ergue o quadrado
a Terra é redonda

a terra aterra
soterra
a cova o morto recebe
deita na terra friamente

Eu amo

eu amo tua boca   teus olhos   teu ser
em teu engrandecer

eu amo teu sorriso   tuas mãos
em teu instante oportuno

eu amo cada pedaço de ti
em cada milímetro dosado

ousado meu amor
amor se faz em mim

Música

quando a música toca
meus sentimentos afloram
sinto teu corpo passar
a passear
na minha mente

teus lábios querem tocar os meus
nesta saudade imensa
da música a tocar

não
                não consigo mais
                                continuar

a saudades está hoje
a me sufocar

Cores

a cor de teus olhos
é a cor dos meus olhos
que se infiltra na íris
amor em ciclo

a cor de teus olhos
num arco-íris imenso
que enfrenta chuva e sol
e vento do nascente ao poente

a cor de teus olhos
é o meu amor fecundo
que a pupila dilata
em apenas um segundo

a cor de teus olhos
torna-se para mim inesquecível
não há tempo que a apague
não há olhos que a substituam

a cor de teus olhos
é a cor dos olhos
do meu amado
em perpétuo chamamento

Caminhada

teus lábios te acusam
teus olhos me censuram
o teu pensamento
me sufoca

não há barreiras para ti
não há mágoas que te limitem

não há por que te limitar
se não tens limites

tu suportas toda
e qualquer dor
e segues em frente

nem sei como
tu vais
vais em frente

Depressão

toda esta tristeza te faz ausente
carente

toda angústia deste peito
que embala o mar
te faz presente

não há o que tire o que traga
cada qual tem seu tempo
cada mundo seu submundo

impossível viver assim
luto contra a depressão
que se faz presente em mim

afasto o mundo para me separar de mim mesma
o corpo frio pesado como cadáver
entregue ao desespero sem desesperar
entregue ao Deus-dará

o que de mim será?

A garrafa

Minha companheira inseparável, a garrafa, toda noite, a me acompanhar inseparavelmente.

Mãos

ciúme oculto
silêncio em ações mudas
passa em serenatas
opressão em duas mãos

Canto

o canto desta noite
cai-me em desencanto
tonto não aceito o timbre
timbre de voz rouca

louca
solta
minha voz é minha vida
minha voz a minha alma
meu canto a aurora
agora

no enlace do encanto
o meu laço desencanto
com o canto voz perene
com a voz vida em canto

O pacto

carreguei meu pranto
no pacto de morte com o amado
que sem sentido procura o mar
pega o ar respira mais

pacto de morte que vida não há
nos caminhos obscuros de lutar
contra o mal contra o bem
contra o ser desigual

lá se foi lá se vai
não vamos nos achar mais
vira século vira mundo
tudo igual a violência reluz

o fim de mim de ti de nós
está na luz no olhar
enfeitiçado do desventurado
que vive para a morte buscar

Parte reparte

o trem que parte
coração reparte
partida em abril

Paz

a verdade que se estica
no passo que se dá
a alvorada nascente
a serra vem animar

desejos que acordam com a pessoa
venta em seu labutar
a paz mais que dias e noites
estamos a abençoar

Gira mundo

o mundo gira ao redor da mídia
o mundo gira ao redor das horas

Escrever

escrever escrever escrever
nosso íntimo escrever
nossas palavras não esconder
escrever

nossas iras nossas alegrias
nosso dia a dia
escrever

nosso tempo nossa época
nosso espaço
escrever

nossas angústias nossas aflições
nossos desajustes
escrever

escrever escrever escrever
todo dia escrever

para não adoecer
escrever

Praia

a praia eterna submissa
dos desejos do luar
o vai e vem das ondas
não há como dominar

a praia recebe homens e matas
águas de sal e de chuva
calma desliza calma
ao som do vento a passar

segue o destino tranquilo
areia pouca a passear
conserva o espaço firme
para o barco atracar
e o homem regressar

Caminha teu sorriso

caminha teu sorriso
em passos largos
leva o destrato
a vida em desagrado

caminha teu sorriso
firme na alvorada
teu íntimo é só teu
o amor revelas se quiser

caminha teu sorriso
no percurso da existência
êxtase em demasia
viver em fantasia

Tempo

é o tempo que acorda
é o tempo que desova
é o tempo

é o tempo que dá tempo
é o tempo que não volta
é o tempo que envelhece
é o tempo que revolta

é o tempo que renasce
é o tempo que é o tempo
                                              tempo

Feridas

O cachorro lambe as feridas. O homem tem as feridas. A saliva do cachorro e a coceira do homem dão vida às feridas.

Natureza generosa

a natureza foi generosa
nas terras gaúchas o cânion
as pedras as águas abundantes
o ar tão puro como a alma em paz

Sorrir

amar o passado é desdenhar o presente
que se apresenta esplandecente
a nos convidar

convidar a voar com os pássaros
a sonhar com os anjos

a sorrir
com o som dos pássaros a sorrir
com o sol a brilhar a sorrir
com a vida a viver
                              a sorrir

Solidão

unhas e dentes
fogo cerrado
cabelo armado

olhar profundo
desejo contido
solidão vestida de dor

Amor

amor em tempos que se vão
amor solidão
amor saudades
sem retorno

amor que um dia te amei
amor que um dia passou
passou um dia
amor

amor que se foi
com o tempo se foi
com o vento
com um novo amor
se foi

Voltou

se o teu amor voltou
voltou para mim
raios de sol
brisas à tarde
a noite é só nossa
agora é só nossa
o teu amor voltou

Desejo

desejei teu corpo
em alma solene
fiz segredo nem a ti revelei
mas desejei teu corpo
numa noite num repente
de repente

                    desejei

                                  teu corpo

Encanto

o amor nasceu
encantou
vivo em paixão
vida sem solidão

Ambiente

A influência do ambiente é muito importante. O barulho perturba um bocado, a ponto de eu sentir estar ficando ligeiramente surda.
Horror.

Esta obra foi composta em Gill Sans MT Pro Light 13 pt e
impressa em papel Polen Soft 80 g/m² pela gráfica Meta.